Arándanos para Sal

Arándanos para Sal

POR ROBERT McCLOSKEY

BARCELONA

Arándanos para Sal

© 2010, Editorial Corimbo por la edición en español

Avda. Pla del Vent 56, 08970 Sant Joan Despí, (Barcelona)

e-mail: corimbo@corimbo.es

www.corimbo.es

Traducción al español de Ana Galán

1ª edición abril 2010

Edición española de acuerdo con Viking Children Books, división de Penguin Young Readers Group, miembro de Penguin Group (USA) Inc.

Título de la edición original: "Blueberries for Sal"

Impreso en China

ISBN: 978-84-8470-366-2

Arándanos para Sal

Un día, la pequeña Sal fue con su mamá a la Colina Azul para coger arándanos.

Sal llevaba un cubo de latón pequeñito y su mamá llevaba un cubo de latón grande.

—Vamos a coger arándanos y a llevarlos a casa para envasarlos —dijo su mamá—. Así tendremos para todo el invierno.

11

Sal cogió tres arándanos y los metió en su cubo de latón...

¡clin, clan, clun!

12

Cogió tres más y se los comió. Después siguió cogiendo arándanos; metió uno en el cubo, *iclun!* y se comió el resto. ¡Sal no pudo aguantar y también se comió los otros cuatro que había metido en el cubo!

Su mamá avanzaba lentamente entre los arbustos, cogiendo arándanos y poniéndolos en el cubo. Sal iba detrás, cogiendo arándanos y comiéndoselos todos.

Sal se acercó corriendo y metió un arándano en el cubo de su mamá. No sonó *iclun!* porque en el fondo del cubo ya había muchos arándanos. Metió la mano para volver a cogerlo y, sin querer, sacó un gran puñado de arándanos que estaban justo al lado del que había metido.

17

Su mamá se paró y le dijo:

—Sal, tienes que coger tus propios arándanos. Mamá tiene que llevar estos a casa para envasarlos de forma que duren todo el invierno.

19

Su mamá siguió cogiendo arándanos, pero a Sal le dolían los pies de tanto andar y de tanto estar de pie, así que se sentó en medio de unos arbustos a comer más arándanos.

Al otro lado de la Colina Azul, Osito había salido con su mamá a comer arándanos.

—Osito —dijo su mamá—, come muchos arándanos para ponerte muy grande y muy fuerte. Tenemos que comer mucho para aguantar el largo y frío invierno.

Osito iba detrás de su mamá mientras ésta avanzaba lentamente comiendo arándanos. Osito se paraba de vez en cuando
para comer alguno.

24

¡Después tenía que salir corriendo para alcanzar a su mamá!

Como le dolían las patas de tanto correr, buscó un lugar lleno de arbustos y se sentó en medio para comer arándanos.

27

28

Al otro lado de la colina, Sal ya se había comido todos los arándanos que podía alcanzar con la mano desde donde estaba sentada, así que se levantó para ir a buscar a su mamá.

Oyó un ruido detrás de una roca y pensó: "¡Por ahí debe de
estar mi mamá!".

32

Pero era una mamá cuervo con sus pollitos. Al ver a Sal dejaron de comer arándanos y salieron volando, mientras decían:

—*Cra, cra, cra.*

Entonces Sal oyó otro ruido entre los arbustos y pensó: "Esa debe ser mi mamá, así que voy a ir por ahí".

Pero era la mamá de Osito. Estaba muy ocupada comiendo arándanos y pensando en cuánta comida iba a almacenar para el invierno. Sal la siguió.

Por aquel entonces, Osito ya se había comido todos los arándanos de los arbustos que tenía a su alrededor, así que se levantó y salió a buscar a su mamá. Buscó y buscó, pero no la vio por ningún lado. Oyó un ruido que venía de unos arbustos y pensó: "Esa debe ser mi mamá".

37

Pero era una mamá perdiz con sus pollitos. Al ver a Osito, dejaron de comer arándanos y salieron volando. Entonces Osito oyó un ruido entre los arbustos y pensó: "Esa debe ser mi mamá, así que voy a ir por ahí".

¡Pero era la mamá de Sal! Estaba muy ocupada caminando, recogiendo arándanos y pensando que los iba a envasar para el invierno. Osito la siguió.

Perdidos entre los arbustos de arándanos de la Colina Azul, Osito acabó junto a la mamá de Sal y Sal junto a la mamá de Osito.

43

La mamá de Osito oyó a Sal que iba detrás. Pensó que era Osito y dijo:

—Osito —*ñam, ñam, ñam*—, come mucho —*glup*—, todo lo que puedas —y tragó. Sal no dijo nada. Cogió tres arándanos y los metió en su pequeño cubo de latón, *clin, clan, clun*.

La mamá de Osito se dio la vuelta para ver qué era aquel *clun* tan raro que acababa de oír.

—¡*Gurrrr*! —gritó, tragando un montón de arándanos—. ¡Este no es mi hijo! ¿Dónde está Osito?

Miró a Sal de arriba abajo y retrocedió. (Como ya era una osa mayor, le daban un poco de miedo las personas, aunque fueran pequeñitas como Sal.) Entonces se dio media vuelta y salió rápidamente a buscar a Osito.

La mamá de Sal oyó a Osito detrás y pensó que era Sal. Siguió recogiendo arándanos y pensando en que los iba a envasar para que les duraran todo el invierno.

Osito se acercó y miró dentro del cubo. Por supuesto él sólo quería probar unos poquitos, pero había tantos y estaban tan cerca que dio un gran bocado sin querer.

—Oye, Sal —dijo la mamá de Sal sin darse la vuelta—, tienes que coger tus propios arándanos. Mamá quiere guardar estos para el invierno.

Osito pegó otro gran bocado ¡y casi tira el cubo lleno de arándanos!

La mamá de Sal se dio la vuelta y se quedó boquiabierta.

—¡Ay, Dios mío, si tú no eres Sal! ¿Dónde está mi hija?

Osito se quedó allí sentado, comiendo, masticando, tragando y relamiéndose.

La mamá de Sal retrocedió muy despacio. (Como ya era mayor, le daban un poco de miedo los osos, aunque fueran pequeñitos como Osito). Entonces dio media vuelta y se fue rápidamente a buscar a Sal.

54

No había llegado muy lejos cuando oyó un *iclin! iclan! iclun!*
¡Sabía muy bien quién hacía ese ruido!

La mamá de Osito no tardó mucho en oír un ruido entre las hojas de alguien que se paraba de vez en cuando para masticar y tragar. ¡Sabía muy bien quién hacía ese ruido!

57

Osito y su mamá bajaron por un lado de la Colina Azul y se fueron a casa, comiendo arándanos sin parar y con suficiente comida para aguantar todo el invierno.

Y Sal y su mamá bajaron por el otro lado de la Colina Azul y se fueron a casa, recogiendo arándanos sin parar y con suficiente cantidad para envasar para todo el invierno. Llevaban un cubo lleno de arándanos y otro solamente con tres.

Robert McCloskey (1914-2003) ha escrito e ilustrado algunos de los libros infantiles más premiados y que han pasado de generación en generación; entre ellos, *Blueberries for Sal, One Morning in Maine y Homer Price*. Ha sido el primer artista en ganar dos veces la medalla Caldecott, por *Make Way for Ducklings y Time of Wonder*. McCloskey también fue galardonado con el Caldecott Honours por *Blueberries for Sal*.

Cuando era pequeño vivió en Hamilton (Ohio) y estudió en la Vesper George School de Boston. De mayor pasó la mayor parte de su vida en Maine, donde él y su esposa Peggy criaron a sus dos hijas Sally y Jane.

En el año 2000 Robert McCloskey fue nombrado "Leyenda viviente" por la Librería del Congreso. Puedes ver algunos de sus personajes más queridos en forma de estatua en el Public Garden de Boston y en el Lentil Park de Hamilton (Ohio).